Plumes de Ciel

Textes • France et André Dion
Photos • Jean-Guy Morisset

Catalogage avant publication de Bibliothèque et Archives nationales du Québec et Bibliothèque et Archives Canada

Dion, André, 1921-

    Plumes de ciel

    (Beaux-livres)

    Comprend des réf. bibliogr.

    ISBN 978-2-89696-011-8

    1. Oiseaux - Québec (Province). 2. Oiseaux - Poésie. 3. Oiseaux - Ouvrages illustrés. I. Dion, France. II. Morisset, Jean-Guy, 1942-   . III. Titre.

QL685.5.Q8D56 2011   598.09714   C2011-941575-5

Nous remercions la Société de développement des entreprises culturelles du Québec (SODEC) pour son appui à notre programme de publication.

Nous reconnaissons l'aide financière du gouvernement du Canada par l'entremise du Programme d'aide au développement de l'édition (PADIÉ) pour nos activités d'édition.

Infographie de la couverture: Marjorie Patry

Mise en pages : Marjorie Patry

Révision linguistique : Nadine Paquin

Correction d'épreuves : Michèle Blais

Éditeur :   Les Éditions du Sommet inc.

          Siège social et entrepôt

          Complexe Lebourgneuf, bureau 125

          825, boul. Lebourgneuf

          Québec (Québec) G2J 0B9 CANADA

          Tél. : (418) 845-4045 Téléc. : (418) 845-1933

          Courriel : info@dusommet.com

          Site Web : www.dusommet.com

Les Éditions du Sommet inc.

Bureau d'affaires

407-D, rue Principale

St-Sauveur des Monts (Québec)

J0R 1R4 CANADA

Tél. : (450) 227-8668 Téléc. : (450) 227-4240

ISBN : 978-2-89696-011-8

Dépôt légal :   4e trimestre 2011

                Bibliothèque nationale du Québec

                Bibliothèque nationale du Canada

Imprimé au Canada

Limites de responsabilité

L'auteur et l'éditeur ne revendiquent ni ne garantissent l'exactitude, le caractère applicable et approprié ou l'exhaustivité du contenu de ce programme. Ils déclinent toute responsabilité expresse ou implicite quelle

vous tous, les assoiffés d'évasion...

Bien chers amis France et André !

Tous nos vœux de Santé et de Bonheur
de vivre, de combattre pour la cause
de ces merveilles ailées qui sont au cœur
de vos préoccupations et de vos amours !

Merci, Merci ! pour votre persévérance qui
aura des suites à long terme, exemplaires,
on ne copiera pas seulement vos textes, mais
vos gestes ! pour le meilleur des mondes possibles !
    Avec affection et amitié !
            Ghylaine + Jérôme Rask

Préface

Tous nos voeux de Santé et de Bonheur de vivre, de combattre pour la cause de ces merveilles ailées qui sont au coeur de vos préoccupations et de vos amours!

Merci, Merci! pour votre persévérance qui aura des suites à long terme, exemplaires, on ne copiera pas seulement vos textes, mais vos gestes! pour le meilleur des mondes possible!

Avec affection et amitié!

Ghylaine et Frédéric Back

Introduction

e poète lauréat, John Keats, surnommé « l'amoureux de l'obscur » et qui mourut hélas trop tôt, à l'âge de vingt-six ans, passa à la postérité pour ce trait de génie :

« A Thing of Beauty is a Joy for Ever. »

Nous le paraphraserons en ces termes :

« Cultivez de la Beauté, vous récolterez de la Joie. »

Toute l'équipe qui a collaboré à *Plumes de Ciel* se joint à nous, les auteurs, pour vous souhaiter bonne lecture et heureuse appréciation...

Mot des auteurs

À l'automne 2011, s'amène dans notre vie Jean-Guy Morisset. De prime abord, nous croyons avoir affaire à un génial aquarelliste, tellement son Merlebleu dans un décor d'apothéose semble avoir été fait au fusain d'Europe. Nous sommes alors littéralement libérés!

Une telle suite de splendeurs s'impose à notre entendement. Nous comprenons alors que nous devons le révéler tous azimuts. De là à collaborer avec lui, il n'a fallu qu'un pas que nous avons franchi avec joie jusqu'à l'apogée de *Plumes de Ciel*, toutes ailes déployées pour l'ultime envolée.

France et André Dion

Pour moi, la photo d'oiseaux est un prétexte pour faire une promenade dans la nature, où il m'est possible de saisir et retenir de précieux moments de vie. Puisque je ne suis pas un lève-tôt, mes photos sont souvent prises en pleine journée; cependant, je préfère la fin d'après-midi, l'heure qui précède le coucher de soleil et la demi-heure qui suit. Il n'est pas rare que je rentre tard le soir, tellement je suis obnubilé par tout ce que je découvre.

La majorité des photos de ce livre proviennent du mont Royal, situé en plein cœur de la ville de Montréal. Ce bijou du patrimoine naturel québécois me réserve d'agréables surprises chaque fois que je m'y retrouve.

Je souhaite donc vous faire partager ces trouvailles qui m'inspirent et m'émerveillent jour après jour...

Jean-Guy Morisset, photographe

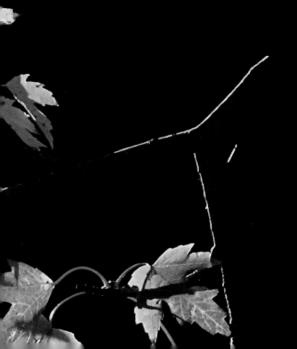

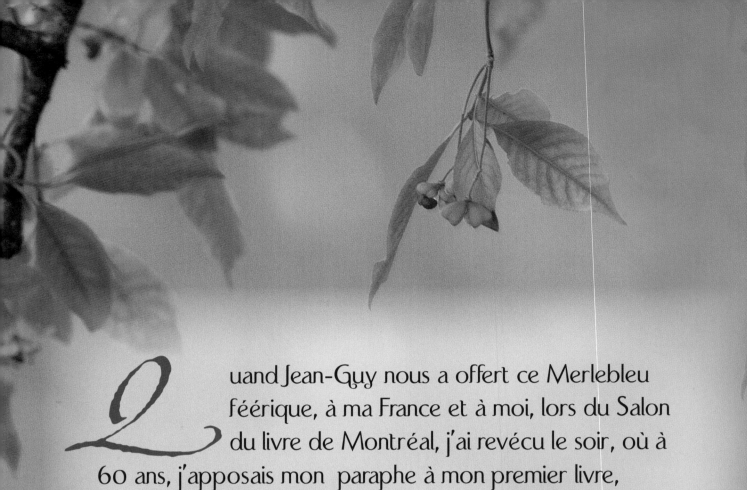

uand Jean-Guy nous a offert ce Merlebleu fééfique, à ma France et à moi, lors du Salon du livre de Montréal, j'ai revécu le soir, où à 60 ans, j'apposais mon paraphe à mon premier livre,

Le Retour de l'oiseau bleu

Je le terminais par cette envolée :

« Qu'ils seront beaux les printemps d'antan enfin revenus,
Les printemps qu'enjolivaient les gazouillis célestes,
Des troubadours au manteau d'azur ! »

Je l'avais ainsi dédicacé à ma muse qui l'est toujours d'ailleurs :

« Grâce à France, car sans elle, l'oiseau bleu n'eût jamais vu le jour. »

C'était le 4 décembre 1981.

Serait-ce au Baluchon,
Où Viréo comprit,
Comment façonner nid,
De semblable façon ?

Tu n'y crois pas, vas-y voir !

Les petits derbys

Au magasin général, dans les années trente, au début du siècle dernier, nous les jeunes, quand nous apercevions la première bande de Sizerins à tête rouge, envahissant nos paysages d'hiver aux confins d'un patelin perdu au pied des Laurentides, nous nous exclamions en chœur : « les petits "derbys" sont arrivés ! »

Ce n'était certainement pas dans notre ignorance « crasse » de tout ce qui concernait les oiseaux que nous avions déniché cette appellation mais bien plutôt au magasin général omniprésent dans notre vie de tous les jours, parce qu'il représentait le seul endroit du village où se vendait tout ce qui se consommait ou s'utilisait. On y flânait aussi parfois. Dans le coin tabagie, sur des étagères bien en vue, nous pouvions admirer ces empaquetages de petits cigares où figurait en couleur un petit homme que l'on désignait comme un « jockey » arborant ostensiblement sa minuscule casquette rouge. Cette marque portait le nom de « Derby ». De là, fut affublé notre visiteur ailé, de ce nom qui correspondait bien à nos plaisirs enfantins.

Puis, dans les années 80 on le rebaptisa : « Le Sizerin flammé »,
afin qu'il puisse aussi bien paraître aux côtés de son cousin
nommé depuis toujours : « **Le Sizerin blanchâtre** ».

Voyez une seule fois ces oiseaux en train de s'adapter chez nous et vous comprendrez leur martyre pour survivre, quand vous en découvrirez certains ayant perdu quelques-uns de leurs ergots...

Il n'est en effet pas rare d'en rencontrer, par grand froid, blottis jusqu'au ventre dans une plaque de neige poudreuse, savourant les brefs rayons du soleil qui les réchauffent un peu... Ils peuvent rester ainsi, bien recroquevillés, jusqu'à ce que le coucher du soleil fasse son œuvre, avant que la nuit glaciale ne prenne sa place...

On se doit de les respecter, ces oiseaux qui imitent les anciens Canadiens du Menaud maître-draveur de Félix-Antoine Savard :

« *Ils sont venus et ils ont demeuré !* »

Les Becs-croisés

Certains volatiles, tels les Becs-croisés, doivent leur nom au bec qu'ils arborent. Ainsi, si quelque part en forêt coniférienne vous croisez une volée d'oiseaux de la grosseur des moineaux, affichant une longue maxille incurvée vers le bas et une plus courte mandibule orientée vers le haut, vous venez certainement de rencontrer des Becs-croisés. Ces oiseaux sont ainsi équipés afin de décortiquer les cônes des conifères.

Tels des nomades, il est cependant rare qu'on puisse les revoir dans le même décor à une époque ultérieure.

Les oiseaux de jardin doivent toujours se tenir aux aguets...

Au temps de la nidification, entends-tu des merles rouspéter ? des Quiscales se joignent-ils aux vociférations ?

Si oui, il y a de fortes chances qu'un chat soit en maraude dans les parages.

Sinon, ne cherche pas plus loin, c'est moi la sorcière en robe noire qui veille à la diète de mes petits.

De mémoire d'oiseau, on m'a recommandé de les gaver d'œufs et d'oisillons à cette époque de leur croissance.

Extrait de : L'agenda perpétuel des oiseaux les mieux connus, d'André Dion

21

L'Ébouriffé

Et moi qu'on a affamé au nid,

Pour le lui faire abandonner,

Sans lui apprendre à se pomponner,

Je n'aurais pas le droit,
quand j'ai faim,
de rouspéter?

*P*etite espiègle au nez retroussé, pardon ! au bec retroussé. Toi qui porte casquette de voyou enfoncée sur l'œil, drapée fièrement dans ta cape gris bleuté sur des dessous immaculés, tu circules sur les troncs, tête en bas, utilisant ta courte queue comme un trapéziste son balancier afin de garder ton équilibre.

Peu farouche, tu te laisses apprivoiser, même caresser. En forêt, on te rencontre dans les futaies de feuillus, en particulier dans les érablières matures, quoique tu courtises également nos mangeoires, particulièrement aux mortes saisons.

Au temps des amours, tes appels nasillards se font plus doux, presque langoureux. Durant la couvaison, tous deux devenez secrets, muets comme des carpes. Toi, son mâle, tu lui sers le déjeuner au lit. Pardon, faites excuses pour la seconde fois, au nid!

À peine les petits savent-ils voler, qu'ensemble, vous les parents, leur apprenez à coincer les graines de tournesol dans les anfractuosités des écorces pour les décortiquer.

L'automne venu, vous partez vous épivarder ailleurs, vous constituer un territoire.

Quant à nous, vos hôtes, nous vous réserverons toujours un généreux accueil que vous saurez reconnaître au printemps revenu.

Son nom, lui, il ne l'a pas usurpé : « l'habitant des cavernes », car à l'instar des Troglodytes du Val de Loire ou des autochtones de la Californie au siècle dernier, ce Troglodyte ailé, niche lui aussi en cavité qu'il fabrique lui-même, tel le Troglodyte des marais.

Certains autres, plutôt astucieux, l'empruntent aux pics quand ils l'abandonnent après leur couvaison, ou bien, ils s'emparent de celles que bâtissent les humains pour les Hirondelles bicolores ou les Merlebleus.

Petit débrouillard, va !

Petite maman,

Avec ses charmants petits,

Combien indociles pourtant...

Combien en restera-t-il,

Quand ils seront devenus grands ?

Quelques-uns seulement...

Si certains oiseaux empruntent leur nom au bec qu'ils arborent, d'autres, comme le chardonneret, l'empruntent plutôt à la plante qu'ils adorent...

Et quand août s'annonce, les chardons, produisant alors leurs touffes duveteuses, permettent au Chardonneret de bâtir son nid, logé au cœur d'un buisson...

À peine sortis du nid, papa est toujours là, attentif, prêt à épauler sa compagne, en nourrissant ses petits...

e Huard niche généralement sur les rives d'un lac
sauvage, là où la pente n'est pas trop abrupte.

on nid se situe toujours à proximité de l'eau, car ses
attes, placées loin à l'arrière de son corps, représentent
handicap pour avancer sur le sol. Cependant, quand
ent le temps de nager, cette particularité en fait un
ampion.

le mâle surprend une embarcation qui semble se
riger vers son habitat, il plongera et ressortira près
u bateau afin d'attirer l'attention de ses occupants et
entraîner loin des siens. Si ce manège ne fonctionne
s, les petits se hisseront sur le dos de leur mère afin que
ur duvet ne s'imbibe pas, et partiront en cavale, loin de
s présumés prédateurs qui semblent leur rôder autour...

ans les parcs nationaux, on interdit maintenant l'accès
x lacs où ils se reproduisent afin de protéger les jeunes
urant les deux mois qu'ils vivent en eau douce.

Ces lacs solitaires se révèlent de plus en plus rarissimes et le Huard doit se réfugier de plus en plus loin des lieux habités.

Il ne nous reste plus en mémoire que ses appels mélancoliques, voire lugubres, surtout quand s'annonce la pluie. Cependant, au crépuscule, la réponse sauvage de ses congénères se répète à tous les échos. Quelle tristesse nous étreindra quand nos ciels resteront muets dans la gloire des couchants versicolores !

Je n'ai pas appris le ballet,

　　Ni suivi de cours de danse,

Chez nous, grâce et aisance,

　　On en hérite à la naissance!

Cet oiseau, fort ingénieux,
a trouvé la solution idéale
pour ne pas avoir à
passer des jours à attendre
patiemment que ses oisillons sortent
de leur coquille... Il confie plutôt
cette tâche à nos petits insectivores
tels que les Bruants, Parulines et
Viréos, qui acceptent sans
rouspéter, de couver cet œuf
qui a été déposé, comme par
magie, parmi les leurs...

Nos Roitelets

- Hé ! le couronné là-bas, t'es le roitelet d'où, toi ?

   *- Toi qui me regarde comme une bête curieuse,
   ça te froisse que j'exhibe un rubis sur ma tête ?*

- Je voulais seulement savoir si tu n'étais pas mon petit cousin,
moi qui n'ai qu'une couronne dorée.

   *- Tu appartiens certainement à ma famille, car toi aussi
   tu as le goût de la bougeotte et la soif du voyage !*

Et ces deux fébriles étaient déjà en route
vers un ailleurs meilleur...

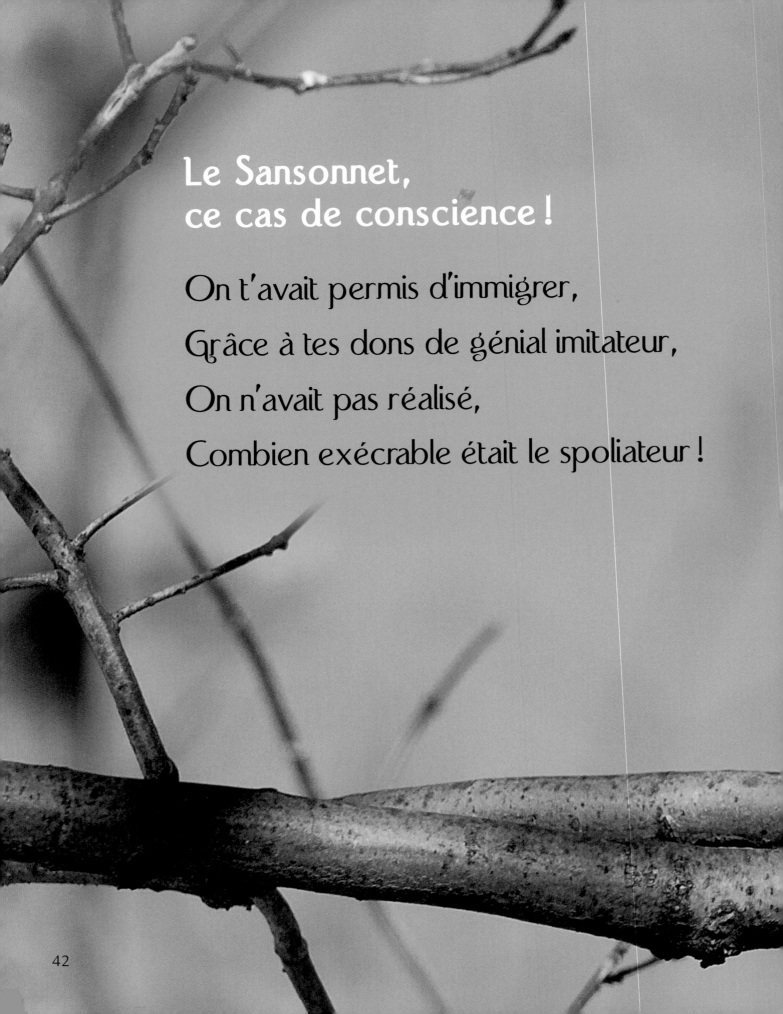

Le Sansonnet,
ce cas de conscience !

On t'avait permis d'immigrer,

Grâce à tes dons de génial imitateur,

On n'avait pas réalisé,

Combien exécrable était le spoliateur !

À peine un siècle plus tard, près de 200 millions de leurs descendants s'hébergent chez nous, en Amérique du Nord monopolisant les sites de nidifications de façon exponentielle.

Voilà la conclusion à laquelle en arrivaient certains responsables de l'*Atlas des oiseaux nicheurs du Québec*, paru en 1995.

Les agriculteurs, les environnementalistes, les « miroiseurs » et les « ornithophiles » crient à présent au secours ! Pis ! On continue à laisser les compagnies qui installent les feux de signalisation aux intersections des rues dans de nombreuses villes, introduire, grâce à ces structures ajourées, de véritables nichoirs pour ces nicheurs en cavité.

Quel héritage à léguer
à ceux qui nous survivront !

Les pics

À leur sortie du nid, les pics sont probablement les moins bien équipés des oiseaux qui fréquentent les mangeoires pour affronter les avatars de l'existence. Ils ressemblent davantage

à des enfants de richards fréquentant les instituts privés : soignés de leur tenue, dans un accoutrement flambant neuf, ils ne savent que se présenter à ces endroits, quémandant la becquée.

Contrairement à leurs petits, les parents se présentent, quant à eux, dans leur livrée abîmée qu'ils se sont constituée aux aspérités rugueuses de leur cavité dans un quelconque gros arbre. Au soir, tellement fourbus par leur interminable journée à satisfaire leur instinct qui leur commande d'assouvir les demandes des becs grands ouverts, ils n'ont même plus la force de se refaire une beauté.

Le devoir d'abord !

Casqué comme pompier arborant noir plastron,

De pied en cap couvert d'éclatant écarlate,

Au printemps nouveau t'éblouira ma chanson,

Et celle de ma compagne à teinte plus mate.

Message pour nos anges éthérés

Si tu nous saluais en soulevant ta noire casquette alors que nous te regarderions par le petit bout de la lorgnette, nous croirions voir un minuscule mésangeai.

Aux horreurs de l'hiver, par temps à ne pas mettre un chien dehors, qui, croyez-vous, zinzinule en continuant sa lutte aux insectes hibernant, en se permettant des acrobaties funambulesques à défier les plus braves des humains ?

Hé oui! c'est bien toi la Mésange, qui par ton charisme,
tu t'imposes en rassembleuse. Tu es un guide recherché
par les Roitelets, les Sittelles et les Grimpereaux qui joignent
tes rangs, car ils savent que comme les Bernaches,
tes guetteuses préviennent du danger et qu'avec toi,
qui connaît à fond le pays, tous ensemble vous survivrez!

Mon ange, tu représentes chez nous depuis des siècles :
la bonne humeur, la persévérance, la patience et la joie
de vivre!

Bienvenue à nos mangeoires, tant que nous serons vivants
tous les deux...

L'imprévisible challenger

É quipé d'une longue et fine rapière,
je m'en prends à tous les commensaux
de la mangeoire : Roselins, Sizerins
et même au dominateur Chardonneret jaune.

Imprévisible gitan, visiteur de vos hivers,
je me débine vers des ailleurs nordiques dès
que s'annonce le doux printemps.

Certains connaisseurs croient que les pennes de
mes rémiges et de mes rectrices auraient inspiré
les créateurs de la dorure en détrempe au
jaunissage.

Grand Pic à huppe écarlate

À l'été 2005, Henri Rivard, éditeur, se méritait le prix Gutenberg avec son album d'art *L'Âme des oiseaux*, dont il m'avait confié les textes. À propos d'un des oiseaux nicheurs, devenant de plus en plus rarissime, j'écrivais que leur disparition était causée par le fait que depuis belle lurette au Québec, les rives de beaucoup de lacs avaient été dépouillées de leurs longs chicots que les Grands Pics à huppe écarlate, capables d'excaver des trous à leur dimension, abandonnaient après une seule utilisation, permettant alors aux canards nicheurs en cavité de les adopter par après.

J'avais à peine écrit ces mots que ma compagne France, comme toujours, prenait le dossier en main et enregistrait également la *Fondation France et André Dion* pour la sauvegarde des canards nicheurs en cavité.

Notre objectif se résumait à construire plus d'un millier de nichoirs artificiels pour qu'ensemble, nous les humains, transformions la Côte-Nord en poulailler, en attendant que la nature reprenne sa place sur notre planète. Ainsi, nos Grands Pics pourront recommencer leurs travaux d'excavation qui offriront de nouveaux gîtes naturels à ces fameux oiseaux nicheurs.

Au milieu du siècle dernier,
Claude Mélançon, dans son livre
Charmants voisins, nous renseignait
sur un Étourneau aux ailes rouges qu'il identifiait
comme « le Commandeur » régentant sans
vergogne les marécages et les marais où il se
concentrait.

Au début de ce deuxième milléhaire,
ces oiseaux, qui ont si bien réussi à s'adapter,
se retrouvent dans tous les champs, en culture
ou en friche, du moment où ils sont entourés
de fossés humides.

Lui savait commander mais les hommes l'ont
dépouillé du nom qu'il défendait si bien :
« le Commandeur » !

*E*ntendre pour la première fois dans les profondeurs de la forêt, cette tonalité musicale éthérée infiniment mélodieuse, c'est imaginer Mozart réinventant sa *Flûte enchantée...*

L'orage qui s'annonce, chagrine déjà le ciel, mais qu'importe la pluie, puisque c'est l'été ! Il nous faut la voir, pour nous remémorer, la garder en mémoire, cette déesse sur pattes haut perchée.

Nous tournant le dos, nous croyons avoir affaire à un Bruant fauve faisant virevolter sa queue roussâtre, mais ses dessous d'un brun olivâtre nous annonce plutôt qu'il s'agit de la Grive solitaire qui, déjà, disparaît dans un dernier au revoir flûté.

Ces beaux « Brummels » habillés par le grand couturier

« Bluebird » dînait ce jour-là dans un grand cerisier d'automne. On croyait voir des mannequins, habillés par un grand couturier. Et, ces impeccables de tenue et de manières, aussi bien à table que dans leur vie privée, étaient bien sûr les jaseurs d'Amérique, qui, venus de partout et de nulle part à la fois, s'attablaient pour notre plus grand plaisir !

Gentiment, le fruit cueilli par un quidam, passa de bec en bec comme s'il s'agissait d'une dégustation entre gens bien élevés. L'examen terminé, chacun, aussi gentiment, débuta son repas.

J'écrivais ceci en 1981 dans mon premier livre publié, *Le Retour de l'oiseau bleu*.

Jaseurs d'Amérique, dandys d'été,

Jaseurs boréaux, groupies de l'hiver futé,

Votre tenue toujours extrêmement soignée,

Fait de vous, nos plus proprets hébergés.

Le Roselin familier

Cette splendeur d'oiseau qui se délecte dans les pétales de fleurs ressemble beaucoup à son voisin qui, lui, garde la pause par ciel rosâtre. Toutefois, son plumage vermillon est davantage concentré sur la gorge et le croupion que sur le dos.

Provenant du sud-ouest du continent et relâché dans l'état de New York, il s'est propagé comme feu de brousse dans nos régions, avec dans ses bagages des différences importantes de comportement.

C'est un oiseau grégaire qui partage même sa niche écologique avec le moineau domestique. Il a donc appris à se défendre mais il est plus discret sur l'emplacement de sa demeure...

Cher consciencieux
protecteur de la nature...

Nous ne dépouillons
pas les bêtes de leur
fourrure pour doubler
nos pelisses, nous les oiseaux.

Nous ébouriffons
tout simplement notre plumage.

Et, cher protecteur
consciencieux de la nature,
si tu veux une preuve
de notre savoir-faire,
en as-tu jamais vu un seul
des nôtres trembloter ?

e Colibri aime se délecter du nectar de fleurs, préférablement celles à long calice, telles les Lobélies du Cardinal.

Alors, pourquoi ne pas lui offrir ce délice sous vos yeux, grâce à un miniréceptacle rempli d'un liquide sucré, que vous faites adhérer à la vitre de la fenêtre ?

Puisque le mâle est fort agressif sur son territoire, si vous placez plusieurs abreuvoirs, disposez-les hors de vue les uns des autres et changez souvent la mixture, car celle-ci surit vite au soleil.

Dire qu'un des plus beaux oiseaux du monde fut un jour menacé d'extinction... Mais fort heureusement, au début du siècle dernier, les États-Unis et le Canada signèrent la convention des oiseaux migrateurs, et jusqu'en 1950, leur chasse fut interdite.

Puis, une grande offensive fut lancée à l'échelle de l'Amérique du Nord à laquelle participa l'organisme *Canards Illimités*. Approximativement 100 000 nichoirs furent installés dans la grande nature.

Aujourd'hui, cette espèce d'anatidé est la plus commune représentée chez nous. L'adage « vouloir, c'est pouvoir ! » n'est-il pas le meilleur pour illustrer la magie orchestrée par l'effort collectif permettant à ces magnifiques oiseaux de poursuivre leur longue et éternelle migration ?...

Le Geai bleu fureteur

Ce « nez fourré partout » est sans contredit un gourmand invétéré ! Vous pouvez être assuré que s'il y a des faînes — les fruits du hêtre — tombés au sol, tôt en septembre, que tous les geais bleus du coin viendront s'en gaver jusqu'à ce qu'il n'en reste plus rien !

Aussi, il paraîtrait que plusieurs plantations de chênes, situées dans le sud des États-Unis, devraient aujourd'hui leur existence à ces fameux « fouineurs », car lorsqu'ils faisaient leur provision d'hiver, ils en cachaient un peu partout dans le sol et souvent, les oubliaient... faisant naître, quelques années plus tard, de superbes chênaies.

Et, l'un de ces matins de grâce, nous éveillant au lit au cœur de l'été, nous vîmes, à travers la fenêtre grande ouverte, s'agiter violemment les extrémités des branchettes des mélèzes entourant notre havre de paix. Quelle ne fut pas notre surprise, en découvrant qu'un couple de ces geais bleus nourrissaient leur petite famille, fraîchement sortie du nid, avec les cônes non matures toujours fortement attachés à leur tige, mais encore assez tendres pour être avalés goulûment !

À l'œil attentif, rien n'est secret !

On apprend souvent plus en jouant qu'en se triturant les méninges... Un jour, où nous n'avions pas la plume facile, nous inventâmes le jeu de la plume utile...

Il suffit d'abord de vous procurer moult plumes blanches, de faire jouer ou fredonner la chanson : « J'ai vu passer l'hirondelle » et de vous assurer que des Hirondelles bicolores enjolivent le décor. Lorsque vous en apercevez une qui fait le guet sur le pas de sa porte, vous lancez une première plume... Sans crier gare, « la guetteuse » se précipitera afin d'aller cueillir au sol, cette plume frivole. Au second lancer, une consoeur se manifestera pour en faire tout autant. Puis, au troisième, au quatrième et au cinquième lancer, tout le corps de ballerines s'exécutera pour votre plus grand plaisir!

Et plus tard, lorsque les petits Hirondeaux auront quitté leur nid, vous pourrez récupérer vos plumes qui avaient été soigneusement alignées autour des nids, les soyeuses barbules vers le haut et les pennes vers le bas...

Encore s'il n'était
que l'unique
prédateur
dans nos parages...

Nocturne du hibou

Aussi loin que nous reportent nos crépuscules d'enfance, nous ne connaissions alors que l'aube de la nuit, où le hululement du hibou pouvait se faire entendre. Cette boule de plumes qui poussait des cris épouvantables, semblables aux hurlements d'une bête qu'on égorge, était semble-t-il chargée de nous protéger contre les mauvais génies qui venaient en alliance dans l'ombre, sans qu'on les voit, hanter nos nuits les plus sombres...

Un de ces soirs, pendant que les chauves-souris zébraient le ciel crépusculaire de leurs ailes de velours, le hibou revint faire son tour... Il tourna doucement sa tête pour mieux fixer les astres. Sa femelle, qui couvait ses deux boules blanches dans le tronc d'un vieux pommier tout près contempla, les yeux ravis, les fougères amies. Les ombres s'animèrent dans le sous-bois, la chevelure des grands arbres s'agita et le hibou, à travers la ramure, s'envola à toute allure... Alors, les merles apeurés, mirent fin à leurs chants si doux.

Conquérant de la nuit, le hibou, contemplant amoureusement la lune, murmura son amour, et de ses cris mélodieux mais désespérants, pleura son bonheur...

Jules Larivière dans sa revue *La Vie au Grand Air* avait publié une partie de ce texte récité au Cercle littéraire que nous fréquentions à l'époque.

Celui qui porte ce nom, dans le monde ailé, connaissait sa vocation avant même de naître, car de la façon dont il le fait, lui seul en connaît le secret. Parvenu à la cime de l'arbre qu'il vient d'explorer, le Grimpereau se laisse choir et avant de toucher le sol, s'agrippe au tronc voisin.

Vous qui allez croire qu'il va droit au but, détrompez-vous. La spirale qu'il décrira tout au long de sa remontée s'effectuera toujours vers la droite par petits sautillements : « Tu veux manger ? tournicote », voilà sa devise.

Bravo, Maestro !

Nos ancêtres venus de France vous avaient surnommé le « Rossignol »; vous étiez célèbre en leur pays pour la virtuosité de vos vocalises nocturnes.

Pourtant, chez nous, au temps des déclarations d'amour, vous ne vous égosillez qu'à l'aube, avant même que le coq ne lance son premier cocorico.

Après cette période bucolique, il vous arrive souvent de clamer votre joie de vivre, et ce, tout simplement après une saucette matinale. Et fort heureusement, durant la saison estivale, cette candeur retrouvée peut s'exprimer tant que perdure la journée.

L'hiver venu, vous vous attardez parfois chez nous, mais hélas... vous ne chantez plus.

Ah ! que revienne la saison
des amours !

L'Urubu à l'instar du dindon d'Audubon

Cet oiseau, aux origines légendaires, fut découvert le 27 août 1894, dans un piège à ours, près de Godbout sur la Côte-Nord, par Napoléon-Alexandre Comeau, le plus grand ornithologue au pays.

Quant à nous, nous n'aurions jamais espéré pouvoir le comparer à la sublime merveille du dindon sauvage (Wild Turkey) contenue dans l'immense *Elephanto* d'Audubon que l'on peut admirer au Musée d'art moderne de la ville de Québec. Maintenant, ce volume est évalué dans les dix millions de dollars.

Celui illustré présentement n'est pas divinement peint mais plutôt magnifiquement photographié par celui que nous identifions comme
« le photographe aquarelliste novateur ».

À l'égal du chef-d'œuvre de l'unique grand maître, on ressent le désir de toucher, de vérifier une à une les barbules des plumes chatoyantes, tant elles exsudent la véracité.

Sur cette photo,
l'Urubu semble dubitatif,
sceptique, pensif, résigné même...

Ce petit brigand, voleur de nids, perceur d'œufs, bâtisseur de barricades pour interdire l'accès au nichoir qu'il vient d'accaparer, a toujours besoin de s'esclaffer comme s'il voulait en mourir de rire...

Dommage qu'il ait si mauvaise réputation !

Dans la forêt de l'arrière-pays de la région de Tadoussac, à Grandes-Bergeronnes pour être plus précis, Jean-Guy tentait de photographier un Pic à dos noir, qu'avaient cru reconnaître au loin les Dion, alors qu'il s'échappait en tapinois de son excavation !

« J'accouchai plutôt de cette photo », nous avouait-il par après. Un Pivert de son nom vernaculaire. Et c'est en chœur que nous nous exclamâmes : « Enfin, celui que l'on espérait depuis des décennies ! »

Nichant plus au nord en terrain encore ignoré par les humains, nous n'en avions pas vu, de ces oiseaux nicheurs, depuis une éternité près des habitations.

Le Merle d'Amérique
acrobate dans les fruits

Le chansonnier devrait réécrire son texte :

« Comment peux-tu mon merle, mon merle,

Comment peux-tu mon merle avaler ? »

Splendeurs d'hiver

Les Durbecs des sapins, jadis appelés Durbecs des pins, voyagent en petites bandes quand l'hiver s'installe pour de bon. Les mâles, couleur framboise, virevoltant avec les femelles et les petits, couleur citron, forment alors un bal « fruitier » sans pareil.

Pour les attirer, il suffit de planter sorbiers de culture ou cormiers sauvages qui dureront jusqu'à ce qu'ils aient subi plusieurs gelées et dégelées.

Le Dur-bec d'antan,
Ex des pins,
Aujourd'hui, des sapins.
« La poésie fout le camp ! » (Villon)

ans mon livre d'Art intitulé :
L'Âme des oiseaux,
j'avais raconté cet épisode
d'une ombre qui imitait mieux que réalité
le miaulement d'un chat fâché se faufilant
dans les broussailles :

« J'avais à peine débuté mon cours préparatoire,
j'avais donc sept ans. Tout m'était prétexte
pour emprunter le chemin des écoliers et en
retard comme toujours pour le souper, je me
revois encore expliquer à ma mère pourquoi
je ne devais pas être puni pour mon absence
au repas du soir, car la chose savait voler
et je devais en connaître la raison. »

Mon explication se résumait ainsi :

« M'man, mon chat, c'était un oiseau ! »

Jolie Paruline azurée,

Qui révèle au printemps heureux,

Son exquis bleuté chaleureux,

Sois-nous fidèle, belle éthérée !

Alors que nous levions le Junco au nid...

À nos premières vacances estivales vécues ensemble dans les Hautes-Laurentides, en quête de solitude, nous avions opté pour du camping sauvage sur une île isolée d'un immense lac. Un matin, en mettant le pied sur la première marche d'un escalier vermoulu, donnant accès à un refuge délabré, nous fîmes s'envoler un minuscule oiseau qui nichait là, bien à l'abri. Ses dessus couleur d'ardoise contrastant

avec ses dessous couleur blanchâtre, où perçaient
des yeux noirs de jais, nous révélèrent le Junco ardoisé.

Depuis ce jour de grâce, cet ami ailé vient nous rendre
fidèlement visite à l'automne pour nous rappeler la nostalgie
de l'été qui se meurt et qui s'en ira avec eux... Mais
heureusement qu'à la saison du renouveau, ils reviennent
nous tenir compagnie. Et, afin de bien les recevoir, nous
nous empressons d'épandre au sol l'alpiste, le blé, le
maïs concassé et le millet.

Débute alors sous nos yeux, pour chaque groupe de ces
invités, les chassés-croisés où les plus sémillants, passant
les uns devant les autres, exhibent les deux rectrices
blanches de leur queue encastrée dans leur châsse
centrale ardoisée.

Bien le bonjour, gentils petits !

Pas beau, ça !

Quand nous étions encore enfant et que l'on s'égosillait à la fanfaronnade, en chantant : « Cache ton cul Frédéric, Frédéric, Frédéric. » Maman nous réprimandait gentiment en nous disant : « Pas beau, ça ! »

On attendait alors patiemment notre chance jusqu'à ce que le « petit Frédéric » reprenne sa ritournelle, butant parfois sur des notes oubliées. Son blanc de mémoire, plus souvent qu'autrement, survenait après les deux premières notes : « Cache ton ... » et dès ce début avorté, nous nous écriions triomphalement : « Il t'obéit, lui M'man ! »

Après cette gentille réprimande, c'était déjà oublié qu'il devait cacher son popotin ! Et en chœur, on reprenait candidement cette fameuse comptine si plaisante à transgresser :

« Cache ton ... »

e sureau rouge possède l'unique particularité de sa famille à voir tous les fruits de ses grappes parvenir à maturité en même temps au début de l'été.

Si un soir vous vous couchez, et qu'au matin, le minuscule amas de fruits rouges dissimulé dans la verdure environnante a disparu comme par magie, c'est que des oiseaux frugivores, tels ces splendides Cardinals à poitrine rose, y sont passés de grand matin. Nous sommes aux prémices de la fructification des arbustes de jardin.

*U*n jour que nous étions sur le point de voir l'envol d'oisillons Merlebleus, nous assistâmes alors à un spectacle que nous aimerions vous relater...

La maman Merlebleue réalisant mieux que son « aveugle » de conjoint que le temps était venu pour ses petits de se suffire à eux-mêmes, manifestait ses avances amoureuses en quémandant la becquée et en se trémoussant le popotin dans un friselis d'ailes. Pendant que notre jolie maman Merle tentait par tous les moyens de séduire son homme, lui, son « dur de comprenette » ne s'occupait que de sa couvée !

C'est alors que nous vîmes de nos propres yeux, un « séduisant » Passerin indigo jouer les don Juan en s'esquivant avec la solliciteuse à ses trousses !

La Merlette nicheuse dans la fenêtre

Combien de fois avions-nous vu les Corneilles la spolier de sa nichée, jusqu'au jour où elle décide d'accoler son nid à la croisée ! Cependant, les parents, lorsqu'ils se sentent menacés au cours de la journée, vous créent un charivari de tous les diables !

À la nuit venue, Petite Nyctale ou Petit Duc maculé, au vol feutré, dissimulé à proximité, débusquera la couveuse... et dans son gosier, s'envolera la couvée ! C'est malheureusement ainsi qu'apprennent les oiseaux...

À présent, maman Merlette sait qu'elle doit pousser ses petits hors du nid quand ils ne savent pas encore voler. Les Merlots ne recevront la becquée que s'ils respectent la consigne de ne pas vocalement la quémander.

Heureusement que les oiseaux aussi enseignent aux humains, qui savent les aimer en les regardant vivre...

*H*eureusement que les plates-bandes fleuries du Carré Saint-Louis s'en allaient en langueur et que l'automne vêtu de ses feuilles roussies s'était installé de façon prématurée...

Les migrations des nicheurs du Grand Nord à destination du Sud s'amorçaient : les Pinsons niverolles, nos modernes Juncos, furetaient partout, et le Pinson fauve — à qui l'on a redonné son véritable nom de Bruant depuis —, de sa patte gauche râtelait les feuillages flétris et disséminés çà et là pour y débusquer sa provende. Ainsi se scellèrent les retrouvailles avec cette bête à plumes qu'il avait croisée à Kuujjuaq, nichant dans la tourbe de sphaigne, et qui était venue, peut-être bien, lui annoncer qu'il devait partir pour un ailleurs lointain...

Il n'avait jamais vraiment su comment le décrire adéquatement, cet untel aux migrations bisannuelles : une année, il était distinctement visible, et l'autre, il brillait par son absence, puisque même l'œil exercé ne pouvait le détecter. Car à peine entr'aperçue, sa longue queue d'un roussâtre insolite le démarquait. Ce n'est qu'après qu'on pouvait remarquer sa fustanelle blanchâtre, jaspée de larges ratures en pointes de fléchettes

fusionnant allègrement au centre
de sa gorge de la même teinte que
sa criarde queue. En cette occasion
toutefois — il ne l'avait jamais
observé auparavant —, ils voyageaient
en pariades, et, le deuxième,
qu'il repéra non loin, s'escrimant
au même manège, arborait des
coloris sobres d'un brun fuligineux.
Ses « trouvailles sur le tas »,
quand il remit sa chronique
le mercredi matin au journal,
firent une fois de plus sensation.
En ce véritable éden, cette oasis
au centre-ville, ce rarissime
et disparate duo apparenté
époustoufla l'équipe de la
« coopérative du savoir », qui
aurait de quoi se mettre sous la
dent. Ravi, le rédacteur n'eut
que cette réflexion : « Une fois
de plus, vous aurez justifié votre
rémunération. » Et, lui, en aparté,
de murmurer pour se requinquer :
« Le Ciel soit loué! »

J'avais écrit ce texte, pour oublier
le Carré Saint-Louis dans
*L'Odyssée du Garrot d'Islande
en Amérique.*

Le gazouillis du Québec

Quand le matin, de nos fenêtres,
Dès que renaît le gai printemps,
Nous entendons ces petits êtres,
Nous avons tous un coeur d'enfant.

HOMMAGE DE VOTRE CAISSE POPULAIRE

TITRE

André Dion

NOM

ÉCOLE   CLASSE

LE PINSON TITIT OU FAMILIER
(MOINEAU)

LE MÉNATE BRONZÉ
(ÉTOURNEAU)

Le gazouillis du Québec

Au temps où nous allions à l'école,
notre maman voulait protéger nos
livres de classe, et dans les Caisses
populaires, on nous donnait des feuilles de
papier résistant capable d'endurer
les rigueurs d'enfant. Sur la couverture
d'un vieux cahier, nous avons retrouvé
ces vers d'un poète inconnu... jamais oublié :

« Quand le matin, de nos fenêtres,
Dès que renaît le gai printemps,
Nous entendons nos petits êtres,
Nous avons tous un cœur d'enfant. »

Épilogue

Château par ciel serein

Quand, au siècle dernier, le réputé poète de la nature Jules Michelet, écrivait dans son mémorable poème *L'Oiseau* : « Où a niché la mère, nichera la fille. » Il ne se doutait pas que la proverbiale fidélité des Hirondelles à retourner se reproduire au site qui les a vues naître provoquerait, au siècle suivant dans une paisible ville de banlieue de leur colonie d'Amérique, un minitsunami historique.

Oiseau sur ciel menaçant

Le « blanc comme neige », responsable de cette guérilla, se nommait Léo Chartrand. Tout jeune, son père lui avait enseigné comment aider ces gentils petits êtres ailés en leur offrant le gîte. Le fils devenu homme, bricoleur hors pair, avait bâti de ses propres mains le chimérique château que vous admirez présentement, alors que les colonies de ces oiseaux s'installaient dans le secteur.

Trente ans qu'il y avait mis d'apprentissage, de foi et d'amour en leur fabriquant cette demeure métallique digne d'héberger de façon durable pendant des années, voire même une vie, trente-six locataires.

Enfin, cette merveille enjolivait la vie de toute sa famille depuis la naissance de ses enfants. Or, tous les gens raisonnables savent que les bêtes, comme les humains d'ailleurs, ont leur besoin naturel; les Hirondelles noires, alias « les pourprées » pareillement. Mais celles-ci vont d'instinct laisser choir les sacs fécaux de leurs petits un peu

partout aux alentours dans les plans d'eau pour ne pas trahir leur site de nidification aux potentiels prédateurs.

Des propriétaires de piscine écopèrent et les plaintes affluèrent.

L'ultimatum du procureur de la ville, par le biais des inspecteurs des autorités sanitaires, se voulait péremptoire : « Vous avez cinq jours pour éliminer cette nuisance à la propreté de notre territoire. Sinon, vous êtes passible d'une amende journalière de 300 $! »

Et c'est une mère éplorée, qui, au téléphone, se confiait à nous : « Mes petites sont inconsolables... pensez-y donc... leurs oiseaux ! Pouvez-vous m'aider ? »

Nous n'y pensâmes pas longtemps. Nous connaissions un échevin compréhensif, humain et tolérant : « N'engageons pas une polémique, établissons plutôt une stratégie », lui proposâmes donc alors. Négociation plutôt que confrontation nous avait un jour recommandé notre ami Jean-Pierre L. Savard. L'exemple devait venir d'en haut. Notre allié avait l'écoute de son Maire, réputé pour son objectivité et son impartialité. En somme, un homme d'envergure,

dont la Présidente du Comité d'embellissement de sa ville avait toute sa confiance.

Au jour où le château devait être démantelé, tous les médias étaient présents. Un nichoir artificiel pour ces oiseaux et deux pour les Hirondelles bicolores étaient installés au vu et au su de tous devant l'Hôtel de Ville.

Le communiqué du Maire, prononcé devant tous les protecteurs de la nature concernés se lisait ainsi :

« Les Hirondelles font partie de notre milieu de vie à Saint-Eustache et aussi de notre image collective puisque nous en avons fait notre emblème. Il est tout naturel de leur offrir, à même nos sites municipaux, un refuge où elles pourront nicher avec leurs Hirondeaux en toute tranquillité. La Ville de Saint-Eustache se révèle ainsi la première municipalité du Québec à protéger et sauvegarder ces espèces en voie de disparition. »

Les plaintes cessèrent comme par magie. À présent, vingt ans plus tard, le château y trône encore et toujours. C'est ainsi que s'écrit la petite histoire d'un pays respectueux de son environnement.

Notes techniques de Jean-Guy Morisset, photographe

PAGES	DESCRIPTION DE LA PHOTOGRAPHIE (NOM DE L'OISEAU)	APPAREIL OBJECTIF	RÉGLAGES
3	Mésange à tête noire	EOS 40D, EF 300 2,8	ISO 400, 1/160 F 2,8
5	Mésange à tête noire	EOS 40D, EF 300 2,8, (+1,4x)	ISO 320, 1/1500 F 5,6
6	Troglodyte des marais	EOS 40D, EF 300 2,8, (+1,4x)	ISO 640, 1/2000 F 5,6
8	Feuilles d'érable	EOS 400, EF 300 2,8, (+1,4x)	ISO 640, 1/320 F 11
11	Merlebleu de l'Est	EOS 40D, EF300 2,8, (+1,4x)	ISO 1000, 1/40 F 8
12	Viréo à tête bleue	EOS 40D, EF300 2,8, (+1,4x)	ISO 1250, 1/750 F 4
13	Viréo à tête bleue (nid)	EOS 40D, 70-300 , 300mm	ISO 640, 1/90 F 8
14	Sizerin blanchâtre	EOS 7D, EF300 2,8, (+2x)	ISO 640, 1/5000 F 4,6
15	Sizerin flammé	EOS 7D, EF300 2,8, (+2x)	ISO 320, 1/800 F 5,6
17	Tourterelle triste	EOS 40D, EF300 2,8, (+2x)	ISO 640, 1/1000 F 5,6
18	Bec-croisé bi-fascié	EOS 7D, EF300 2,8, (+2x)	ISO 320, 1/250 F 5,6
20	Corneille d'Amérique	EOS 7D, EF 70-300, 220 mm	ISO 320, 1/160 F 5,6
22	Merlebleu de l'Est	EOS 40D, EF300 2,8, (+2x)	ISO 400, 1/400 F 7,1
24	Sittelle à poitrine blanche	EOS 40D, EF300 2,8	ISO 200, 1/400 F 5
27	Troglodyte des marais	EOS 40D, EF300 2,8, (+1,4x)	ISO 640, 1/250 8
28	Canard colvert	EOS 1D, EF 70-300, 300 mm	ISO 200, 1/320 F 5,6
29	Canard colvert (canetons)	EOS 1D, EF 70-300, 300 mm	ISO 200, 1/250 F 5,6
30 et 31	Chardonneret jaune	EOS 40D, EF300 2,8, (+1,4x)	ISO 1250, 1/500 F 4
32 et 33	Chardonneret jaune (mosaïque)	EOS 40D, EF300 2,8, (+1,4x)	ISO 1250, 1/500 F 4
34	Plongeon Huard	EOS 7D, EF300 2,8, (+1,4x	ISO 6400, 1/160 F 4
37	Paruline à gorge noire	EOS 40D, EF300 2,8,	ISO 250, 1/1600 F 5

PAGES	DESCRIPTION DE LA PHOTOGRAPHIE (NOM DE L'OISEAU)	APPAREIL OBJECTIF	RÉGLAGES
39	Vacher à tête brune	EOS 7D, EF300 2,8, (+2x)	ISO 640, 1/400 F 5,6
40	Roitelet à couronne dorée	EOS 40D, EF300 2,8, (+1,4x)	ISO 640, 1/4000 F 5,6
41	Roitelet à couronne rubis	EOS 7D, EF300 2,8	ISO 320, 1/800 F 3,5
43	Étourneau sansonnet	EOS 40D, EF300 2,8, (+1,4x)	ISO 640, 1/1500 F 6,7
44	Étourneau sansonnet	EOS 7D, EF300 2,8, (+2x)	ISO 320, 1/2500 F 5,6
46	Pic chevelu	EOS 7D, EF300 2,8, (+1,4x)	ISO 640, 1/2000 F 4
48	Cardinal rouge	EOS 40D, EF300 2,8, (+1,4x)	ISO 640, 1/180 F 5,6
49	Cardinal rouge	EOS 40D, EF300 2,8, (+2x)	ISO 1250, 1/30 F 5,6
50 et 51	Mésange à tête noire	EOS 40D, 70-300	ISO 640, 1/250 F 5,6
53	Tarin des pins	EOS 40D, EF300 2,8, (+2x)	ISO 200, 1/400 F 7,1
55	Grand Pic	EOS 40D, EF300 2,8, (+1,4)	ISO 640, 1/500 F 4,5
57	Carouge à épaulettes	EOS 40D, EF300 2,8, (+1,4x)	ISO 640, 1/750 F 8
59	Grive solitaire	EOS 7D, EF300 2,8	ISO 320, 1/640 F 4
61	Jaseur d'Amérique	EOS 40D, EF300 2,8, (+2x)	ISO 200, 1/250 F 7,1
62	Jaseur boréal	EOS 40D, EF 300 2,8, (+1,4x)	ISO 640, 1/1000 F 4,5
64	Roselin familier	EOS 7D, EF300 2,8	ISO 320, 1/1250 F 5,
67	Bruant familier	EOS 7D, EF300 2,8	ISO 640, 60 F 5,6
68	Mangeoire à Colibri	EOS 40D, EF70-300	ISO 1250, 1/90 F 11
69	Colibri à gorge rubis	EOS 40 D, EF 300 2,8, (+2,0x)	ISO 1000, 1/3200 F 7,1
70 et 71	Canard branchu	EOS 7D, EF300 2,8, (+1,4x)	ISO 1250, 1/400 F 5
73	Geai bleu	EOS 7D, EF300 2,8, (+2x)	ISO 640, 1/1250 F 5,6

PAGES	DESCRIPTION DE LA PHOTOGRAPHIE (NOM DE L'OISEAU)	APPAREIL OBJECTIF	RÉGLAGES
73 et 74	Branches de mélèze (décor)	EOS 7D, EF300 2,8, (+2x)	ISO 640, 1/160 F 9
75	Hirondelle bicolore	EOS 40D, EF300 2,8, (+1,4x)	ISO 640, 1/125 F 8
77	Épervier de Cooper	EOS 7D, EF300 2,8, (+2x)	ISO 640, 1250 F 6,3
78 et 79	Épervier de Cooper	EOS 40D, EF300 2,8, (+1,4x)	ISO 320, 1/500 F 4
80 et 83	Petit Duc maculé	EOS 7D, EF300 2,8, (+2x)	ISO 640, 1/1250 F 6,3
84	Grimpereau brun	EOS 40 D, EF 300 2,8, (+1,4x)	ISO 320, 1/1000 F 4
87	Bruant chanteur	EOS 7D, EF300 2,8, (+1,4x)	ISO 640, 1/5000 F 4,5
88 et 89	Urubu à tête rouge	EOS 7D, EF300 2,8, (+1,4x)	ISO 640, 1/320 F 6,3
90	Urubu à tête rouge	EOS 7D, EF300 2,8, (+1,4x)	ISO 640, 1/200 F 6,3
92	Nichoir d'un Troglodyte familier	EOS 7D, EF300 2,8, (+2x)	ISO 640, 1/200 F 5,6
93	Troglodyte familier	EOS 7D, EFS 17-55	ISO 1600, 1/3200 F 9
95	Pic flamboyant	EOS 40 D, 70-300	ISO 640, 1/750 F 13
97	Pic flamboyant	EOS 7D, EF300 2,8	ISO 320, 1/1000 F 5
99	Merle d'Amérique	EOS 40D, EF300 2,8	ISO 400, 1/800 F 5
100	Durbec des sapins (mâle)	EOS 1D, EF300 2,8	ISO 400, 1/160 7,1
101	Durbec des sapins (femelle)	EOS 1D, EF300 2,8	ISO 200, 1/160 F 2,8
103	Moqueur chat	EOS 7D, EF300 2,8	ISO 320, 11250 F 5
104	Paruline azurée	EOS 40D, EF300 2,8, (+1,4x)	ISO 640, 1/5000 F 4,5
106	Junco ardoisé	EOS 40D, EF300 2,8, (+1,4)	ISO 640, 1/1500 F 6,7
108	Bruant à gorge blanche	EOS 40D, EF300 2,8, (+1,4)	ISO 640, 1/500 F 4
110	Cardinal à poitrine rose (femelle)	EOS 7D, EF300 2,8, (+1,4x)	ISO 640, 1/200 F 4

PAGES	DESCRIPTION DE LA PHOTOGRAPHIE (NOM DE L'OISEAU)	APPAREIL OBJECTIF	RÉGLAGES
111	Cardinal à poitrine rose (mâle)	EOS 7D, EF300 2,8, (+1,4x)	ISO 640, 1/320 F 4
112	Passerin indigo	EOS 7D, EF300 2,8, (+1,4x)	ISO 640, 1500 F 5,6
114	Merle d'Amérique à la fenêtre	EOS 40D, EF 70-300, 70 mm	ISO 1250, 1/45 F 16
117	Merle d'Amérique (nid)	EOS 40D, EF 70-300, 300 mm	ISO 1250, 1/30 F 16
118	Bruant fauve	EOS 7D, EF300 2,8, (+2x)	ISO 320, 1200 F 5,6
118	Bruant fauve	EOS 7D, EF300 2,8, (+2x)	ISO 320, 1/2500 F 5,6
119	Bruant fauve	EOS 40D, EF300 2,8, (+1,4x)	ISO 1250, 1/400 F 4
120	Couverture de livre distribuée par les Caisses populaires Desjardins	EOS 7D, EFS 17-55	ISO 640, 1/200 F 9
121	Goéland à bec cerclé	EOS 40D, EF300 2,8, (+1,4x)	ISO 320, 1/3000 F 4,5
122	Nichoir à Hirondelles noires	EOS 40D, EF300 2,8	ISO 320, 1/350 F 22
124	Hirondelle noire	EOS 7 D, EF 300 2,8, (+1,4x)	ISO 640, 1/2000 F 5,0
126	Hirondelles noires (parent et oisillon)	EOS 7 D, EF 300 2,8, (+1,4x)	ISO 640 1/4000 F 5,0
128	Hirondelles noires	EOS 7 D, EF 300 2,8, (+1,4x)	ISO 640, 1/2500 F 5,0
130 et 131	Plan d'eau (décor)	EOS 40 D, EF 300 2,8, (+2,0x)	ISO 640, 1/500 F 5,6
132 et 133	Plan d'eau (décor)	EOS 40 D, EF 300 2,8, (+2,0x)	ISO 640, 1/6000 F 5,6
134 et 135	Fleur (décor)	EOS 40 D, EF 300 2,8	ISO 400, 1/4000 F 2,8
136 et 137	Épervier de Cooper	EOS 40 D, EF 300 2,8,	ISO 640, 1/500 F 7,1
138 et 139	Lever de soleil (décor)	EOS 40 D, EFS 17-55	ISO 320, 1/1500 F 4

Remerciements

Nous tenons à remercier tout particulièrement Marjorie Patry et Pierre Saint-Martin, les artistes concepteurs ainsi que toute l'équipe des Éditions du Sommet pour ce bijou d'offrande à la beauté...

Vous nous avez légué un impérissable souvenir.

Mot des éditeurs

C'est par un matin glacial de novembre que France et André Dion nous ont présenté le travail de Jean-Guy Morisset, un photographe sensible qui, par ses images si réelles, sait faire parler les oiseaux. Les Dion avaient eu raison de tomber amoureux de ses chefs-d'œuvre photographiques : les oiseaux semblaient vivants et l'émotion était à fleur de peau.

Mais ce n'est pas parce qu'une image sait parler qu'on peut nécessairement en saisir toutes les subtilités... Quelles sont les chances, en effet, que l'oiseau, l'image et le lecteur parlent le même langage ? France et André, véritables amoureux de la langue de Molière, se sont alors proposés pour mettre en mots ce que leur inspiraient ces oiseaux, si magnifiquement photographiés.

Pour travailler sur un livre de l'envergure de Plumes de Ciel, il faut accepter d'être dépassé par une situation, accepter qu'on peut être trop petit pour accomplir quelque chose de si beau, de si vrai. Par la suite, il ne nous reste, à titre d'éditeurs, qu'une seule chose à faire : retrousser nos manches et plonger, à la suite de nos auteurs, dans ce projet inspirant.

Alain, Pierre et Amélie